Quentin Quencher

Der Mitläufer

Imaginationen

Bibliografische Information der Deutschen Nationalbibliothek. Die Deutsche Nationalbibliothek verzeichnet diese Publikation in der Deutschen Nationalbibliografie; detaillierte bibliografische Daten sind im Internet über www.dnb.de abrufbar.

© 2018 Quentin Quencher

Herstellung und Verlag:
BoD – Books on Demand, Norderstedt.

ISBN: 978-3-7347-2729-0

Covergestaltung, Satz und Layout:
Quentin Quencher

Meinen Kindern

Danny, John,

Mirjam, Girlvina,

Reymart, Elizabeth,

Stephanie und

Quentin jr.

gewidmet

Inhaltsverzeichnis

Der Zahlenfresser	9
Der Ertaster	11
Der Nichtschwimmer	13
Der Mitläufer	15
Die Heimatfremdlerin	19
Die Akute	23
Der Machtlose	27
Der Reaktionär	29
Der Zwitscherer	33
Die Populisten	37
Die Grenzenlose	41
Das Burgfräulein	45
Der Patriot	49
Der Wortwäscher	51
Die Neun	53
Der Effizente	57
Die Baummenschen	63
Der Heuchler	67
Die Große	71
Der Empörer	73
Der Feigling	77
Der Erklärer	81
Der Wesentliche	85
Die Konferenz der Münzen	87
Der Handwerker	93
Quentin Quencher	99

Der Zahlenfresser

Der Zahlenfresser ernährt sich von Zahlen, er ekelt sich vor allem, was nicht aus Zahlen besteht. Nur Zahlen möchte er verdauen. Aber davor hat er auch Angst, werden die Zahlen nämlich verdaut, lösen sie sich in ihre Einzelbestandteile auf und ergeben dann keinen Sinn mehr für ihn. Täglich steigt er auf die Waage und hat er ein wenig Gewicht zugelegt, beginnt er sich zu verachten. Von welchen Zahlen kommt der Speck oder waren wieder Wörter dabei? Wörter machen fett. Er untersucht seine Exkremente um herauszufinden, ob aus Zahlen Wörter geworden und verdaut worden sind. Findet er die Zahlen in den Exkrementen wieder, beruhigt ihn das ein wenig, doch ein paar sind verschwunden und wurden verwandelt und verdaut.

Aber er weiß auch, dass viele Zahlen mit Wörtern verunreinigt wurden, er kann noch so vorsichtig sein, irgendein Wort schleicht sich immer mit ein. Am schlimmsten sind gemeinsame Essen, in der Kantine kann er noch ohne großes Aufsehen die Zahlen von den Wörtern trennen, schlimmer wird es bei festlichen Zusammenkünften. All diese Vorspeisen und

Getränke, höchstens als Dekoration sind noch Zahlen verwendet. Nur Wörter, Wörter, Wörter, schon der Gedanke daran lässt in ihm Ekel aufkommen.

Was sind das nur für traurige Gestalten, man sieht doch schon auf den ersten Blick, wie fett sie von den Wörtern geworden sind! Statt auf die Klarheit und Reinheit der Zahlen zu vertrauen, verschlingen diese Worte ohne sich der Gefahren bewusst zu werden.

Der Zahlenfresser ist Atheist, was soll man denn auch von einer Religion halten, die immer nur vom Wort faselt, sogar davon, dass am Anfang das Wort sei. Wenn es einen Gott gibt, dann ist es die Null, nur sie kann alles vernichten.

Der Ertaster

Der Ertaster ist nicht blind, im Gegenteil, er hat gute Augen und beobachtet sehr genau. Nur traut er seinen Augen nicht. Was wird ihm da nur wieder vorgegaukelt? Er will es fühlen, schmecken, riechen. Der Ertaster hat einen festen Tritt, dort wo er sich hinstellt, spürt er den Boden, er gibt ihm den Halt, den seine Arme und Hände brauchen um sich seine Umgebung zu ertasten. Böse Zungen behaupten, der Ertaster wäre eigentlich eine Pflanze, eine Schlingpflanze wie die Erbse, die ihre Ranken kreisend aussendet um zu erfühlen, an was sie sich fest halten könnte, um sich daran empor zu ziehen.

Nur was der Ertaster fühlen und fassen kann, ist wahr. All diese Illusionen die das Auge vorgaukelt, kürzlich hörte er, wie jemand nach den Sternen greifen wollte, so ein Blödmann, Sterne gibt es nicht, noch nie hat sie jemand betreten. Jeder der seine Hände danach ausstreckte, ist am Ende kümmerlich verreckt.

Der Nichtschwimmer

Der Nichtschwimmer liebt das Wasser und geht nie ohne seine Schwimmhilfe aus dem Haus. Diese hat er sich so anfertigen lassen, damit man nicht sieht, dass er eine trägt. Man muss sie sich etwa wie ein Furzkissen vorstellen, mit dem die Kinder auf ihren Partys ihren Spaß haben. Gleich einer Prothese trägt er diese Schwimmhilfe über der Schulter und der Brust und sobald er mit Wasser in Kontakt kommt, bläst sie sich auf, dann sieht er aus wie ein Gorilla. Deswegen musste er sich auch entsprechend lockere elastische Kleidung zulegen, um seine Größe, die ja ganz schön zunimmt, wenn er aufgeblasen ist, fassen zu können.

Es sind Zitate, irgendwo hat sie der Nichtschwimmer gefunden und sich angeeignet, mit denen er seine Schwimmhilfe füllt; sie geben ihm den nötigen Auftrieb, die Sicherheit sich im Wasser behaupten zu können. Dort stand dieses, hier wurde jenes berichtet. Er kennt sie alle auswendig und hat sie entsprechend programmiert, um sie in bestimmten Situationen aktivieren zu können. Wasser ist nämlich nicht immer gleich Wasser. Manches hat eine größere Dichte oder Temperatur, verschiedenen Salzgehalt, manches ist trübe anderes klar. Für jedes Wasser findet er die passende Füllung seiner Schwimmhilfe.

Nur vor Flüssen hat er richtig Angst oder überhaupt vor Strömungen. Dann wird er mitgerissen, er kann nicht dagegen ankämpfen, denn Schwimmen hat er nie gelernt. Da nützt alles aufblasen nichts, es macht es nur noch schlimmer.

Der Mitläufer

Der Mitläufer trägt einen irreführenden Namen, er kann nicht laufen, wahrscheinlich hat er gar keine Beine. Genau weiß man es nicht, denn er trägt einen Umhang, oder einen Rock, der bis zum Boden reicht. Manche vermuten Beine darunter, doch laufen sehen, das hat ihn noch nie jemand. Vielleicht ist es nur der Rock oder der Umhang, der ihm eine gewisse Stabilität verleiht, dass er nicht umfällt. Bewegen kann er sich damit allerdings nicht. Doch Arme hat er, zwanzig Stück. Die sind elastisch und können bis zu mehreren Metern lang sein und an deren Enden befinden sich Saugknöpfe. So ähnlich wie beim Tintenfisch. Damit hält er sich bei denjenigen die Beine haben fest, bei denen die laufen können.

Doch er ist sehr misstrauisch, nicht überall hält er sich fest. Er könnte in eine Richtung gezogen werden, die ihm nicht behagt. Es ist allerdings nicht die Richtung selbst, die er beurteilt und nach der er seine Haltepunkte auswählt; von Richtungen hat er keine Ahnung, ihm kommt es auf die Dichte an. Es ist ja das Problem mit diesen Leuten, die die Beine haben, dass sie sich von der Masse manchmal entfernen, und dann, da sie nun allein sind, vielleicht stolpern und hinfallen. Was könnte er tun, hätte er sich an so jemanden ran gehängt? Da er keine Beine hat oder sie zumindest nicht zu benutzen weiß, müsste er irgendwo verhungern oder verdursten, weil er sich von seinem Platz allein nicht fort bewegen kann. Allen möglichen Gefahren wäre er schutzlos ausgeliefert.

Nur in der Masse, wenn Viele dicht beieinander stehen, oder wenn Viele in die gleiche Richtung laufen, dort fühlt er sich geborgen. Sein einziges Kriterium bei der Auswahl seiner Haltepunkte ist deshalb Redundanz. Viele müssen es sein, sie müssen sich gleichen und falls eine Bewegung erkennbar ist, müssen alle in die gleiche Richtung gehen. Welche Richtung, das ist egal, Hauptsache gleich. Nur aus diesem Grund, wegen der Redundanz, hat der Mitläufer so viele Arme. Und auch deswegen braucht er die Dichte; er wird von der Masse, dort wo sie am dichtesten ist, geradezu magisch angezogen. Nur da findet er die vielen Haltepunkte, die ihm letztlich die Sicherheit geben, nach der er begehrt.

Sollte er fühlen, dass einer seiner Haltepunkte sich anschickt auszuscheren, die Richtung der Masse zu verlassen, dann zieht der Mitläufer seinen Arm ganz schnell zurück. Zu groß ist seine Angst davor, den Kontakt zur Masse zu verlieren. Dieses Loslassen macht ihm nichts aus, die Bindungen, die er eingeht, sind nie emotional, sie dienen nur der eigenen Sicherheit. Schnell hat er einen anderen Haltepunkt gefunden, einen der genau wie die neunzehn anderen ist.

Ein Problem mit der Masse hat der Mitläufer allerdings. Ab einer gewissen Dichte erkennt der Mitläufer nicht mehr, ob die Anderen Beine haben oder auch nur Mitläufer sind. Er kann es mit seinen Armen nicht erfühlen und da er von Richtungen auch nichts versteht, da er keine Beine hat sich nie darum kümmern müssen, bekommt er auch von einer Richtungsänderung nichts mit, solange nur alle die gleiche Änderung vornehmen. Und deshalb ist es auch schon vorgekommen, dass sich nur Mitläufer gegenseitig fest gehalten haben. Zwar spürt er anfangs, dass da jemand nach ihm greift, sich an ihm festhalten möchte, doch das beunruhigt ihn nicht, im Gegenteil, er fühlt sich geschmeichelt und bestätigt. In solchen Momenten träumt er davon, wie es wäre selbst Beine zu haben, um die Richtung des Marsches mitgestalten zu können. Machtphantasien, ihm sonst völlig fremd, nehmen Besitz vom ihm. Mit jedem Arm, der nach ihm greift, werden sie stärker.

Besteht dann irgendwann die Masse nur noch aus Mitläufern, genügt ein einziger Mensch mit Beinen und einer Idee von einer Richtung, um die Masse in Bewegung setzen zu können. Die Mitläufer folgen alle und von der Ferne sieht es so aus, als könnten sie laufen. Dabei halten sie sich nur gegenseitig und glauben sich in Sicherheit und auf dem richtigen Weg. Wenn es alle tun, kann es nicht falsch sein. Alternativen spürt der Mitläufer nicht, in Alternativen kann er nicht denken. Alternativen gefährden die Masse und somit seine Sicherheit und Geborgenheit. Deshalb braucht er auch keine Beine zum Laufen, sondern nur Arme um sich festzuhalten.

Die Heimatfremdlerin

Die Heimatfremdlerin war ein Schreikind. Was ihre Eltern auch immer versuchten, sie konnten ihr Geschrei nicht stoppen. Je näher sie das Kind zu sich nahmen, auf den Arm, ins Bett, je beruhigender sie auf es einredeten, Schlaflieder sangen, um so mehr schrie es. Den Versuch, ihr Baby zu stillen, musste die Mutter bald aufgeben. Statt zu saugen, biss die Heimatfremdlerin nur zu. Noch heute ekelt sie sich vor Milch und war dann doch sehr enttäuscht, als man keine Laktoseintoleranz fest stellen konnte. Aber was wissen Ärzte schon?

Ihre Eltern haben sich bald scheiden lassen, von Selbstvorwürfen zerfressen, weil es ihnen nicht gelang das Kind zu beruhigen. Der Vater flüchtete sich in die Arbeit, die Mutter wurde Esoterikerin, oder umgekehrt. Von da an wurde die Heimatfremdlerin ein wenig ruhiger.

In der Kita wollte man ihr zwar auch hin und wieder nahe kommen, doch nicht so schleimig klebrig widerlich wie es die Eltern taten. Was anderen Kindern vertraute Nähe war, die zur Mutter, oder anderen Verwandten, empfindet die Heimatfremdlerin als anmaßend und bedrohend.

Man hätte es erkennen können, schon als sie noch ein Baby war, dass es immer die Nähe war, das Bekannte, andere sagen das Vertraute, was ihre Abwehrreaktion auslöste. Doch das würde ja Vertrauen voraussetzen, nein, Vertrauen zum Bekannten hat die Heimatfremdlerin nicht, Geborgenheit kann es nicht in der Nähe geben, im Bekannten, das will einen ja nur vereinnahmen. Die Unverbindlichkeit der Ferne, das Unbekannte war es, was sie anzog.

Einmal, als eine Passantin sie im Kinderwagen an der Wange tätschelte, wie immer schrie das Kind, war die Heimaltfremdlerin schlagartig still, ja lächelte sogar. Mit einem verachtenden Blick zur Mutter ging die Passantin weiter. Die Mutter nahm sich den Vorwurf an und fühlte sich hundeelend, obwohl sie nicht wusste, was sie eigentlich mit dem Kind falsch macht.

Die Heimatfremdlerin lächelte weiter, ja genau das wollte sie, dass sich die Eltern elend fühlen, weil die sie mit ihrer Nähe immer zu erdrücken versuchen.

Später, als junge Erwachsene, hatte sie nie Sex mit jemanden aus ihrem Wohnort. Einmal nur, hinter der Hecke im Schulhof, knutschte sie mit einem Klassenkameraden rum. Als der ihr auch noch an den Hintern fasste, schlug sie zu.

Von da an suchte sie sich für ihre erotischen Abenteuer nur noch Fremde, Partner, von denen sie nicht mal den Namen wusste. Diese konnten sie nicht im Innersten begrabschen, berührten ihre Gefühle nicht. Das Fremde wurde ihr zur Heimat, dort konnte sie niemand vereinnahmen und nur dort fühlte sie sich frei.

Mit der Heimat hat sie sich nie ausgesöhnt, bis heute nicht, obwohl sie nun in die Jahre gekommen ist, wie man so sagt. Die Personen, die Gebäude, die Gerüche, irgendwas versuchte immer in sie einzudringen, etwas von ihr zu rauben, sie in ihrer Bewegungsfreiheit zu behindern. Nur das Fremde erzeugt jenes wohlig zufriedene Gefühl, nach dem sie sich sehnt.

Und das Fremde will nichts von der Heimatfremdlerin, es lässt sie in Ruhe. Deshalb möchte sie am liebsten die ganze Welt umarmen und ihr danken für die Freiheit. Andere glauben ein Zuhause nötig zu haben und mauern sich dabei ein, bauen sich ihr eigenes Gefängnis, in dem sie ihr eigentliches Wesen verlieren. Wie ein Chamäleon sich der Farbe der Umgebung anpasst, so richten sich diese Menschen nach ihrer Umgebung aus. Was haben die nur für einen Charakter?

Manchmal trifft sie sich mit anderen Heimatfremdlern; von manchen kennt sie nun sogar den Namen, und die Gespräche die sie dann führen, sie drehen sich immer um die Kindheit, was sie da erlitten haben, als man sich gegen die bedrückende und einschränkende Nähe nur durch Schreien wehren konnte.

Diese Treffen finden zwischen Januar und November statt, niemals im Dezember, vor Weihnachten und der Adventszeit haben alle Heimatfremdler Angst. Heimlich schleichen sie sich am Heiligen Abend in die Kirche und beobachten das Krippenspiel. Der Hass auf die Heimat wandelt sich in diesem Moment in einen gegen sich selbst. „Ich möchte dazugehören" erzählen die Tränen, die an diesem Abend über die Wangen laufen. Bevor die Kirche aus ist, macht die Heimatfremdlerin sich davon, rennt weg, hin zum Ort ihrer Bescherung. In der Bahnhofskneipe betrinkt sie sich dann.

Die Akute

Die Akute ist sehr kurzsichtig, alles was weiter als zwei Meter von ihr entfernt ist, nimmt sie nur schemenhaft wahr. Ihr Blick ist immer konzentriert auf den nächsten Schritt, welchen sie zu tun hat, nur diesen Bereich kann sie überblicken. Sie kennt den Weg nicht, den sie bisher begangen ist, da sie immer nur kleine Teile davon Stück für Stück gesehen hat, nicht aber was darum herum ist. Keine Markierungspunkte, keine Bäume, keine Berge, Häuser oder Seen.

Zwar kann sie riechen und hören, doch dem was sie da vernimmt, was sich da andeutet, dem schenkt sie keine große Beachtung. Ihr Fokus, worauf sich ihre Augen richten, das, und nur das, ist das wirklich wichtige. In der Ferne mögen Dinge geschehen, die irgendwann auch einmal ihren Weg kreuzen werden, Gerüche und die Geräusche deuten dies an, doch darum wird sie sich dann kümmern, wenn es in ihr Blickfeld gerät.

In ihren Träumen sieht sie sich im Scheinwerferlicht, hell erleuchtet auf der Bühne eines Theaters. Nur sie, niemand sonst. Sie weiß, sie jetzt die wichtigste Person, alle Augen sind auf sie gerichtet. Um sie herum ist alles finster, sie kann es nicht sehen. Nicht wie sie auf die Bühne gekommen ist, auch nicht wie sie wieder herunterkommt. Doch das Publikum spürt sie, so lange es still ist, ist alles in Ordnung.

Kommt dann der Applaus, so gerät die Akute in Panik. Sie weiß, nun ist es vorbei, nun muss sie wieder laufen, doch wohin? Jetzt braucht sie Hilfe und wird von der Bühne geführt, von allein hätte sie den Ausgang nie gefunden, sie sieht ja immer nur das, was unmittelbar vor ihr ist, welches der nächste Schritt in ihrem Blickwinkel ist.

Böse Zungen behaupten, die Akute hätte keinen Kompass, wüsste nie in welche Richtung sie sich bewegt. Das stimmt zwar, ist ihr aber egal, sie sieht eben nur das, was in ihrer unmittelbaren Nähe ist. Doch wenn sich da etwas befindet, dann wird es aufgehoben und sofort verarbeitet. Sie ist überzeugt, es gut und richtig zu machen, und vor allem schnell und sofort. Wie im Traum befindet sie sich jetzt, auf der Bühne, im Scheinwerferlicht. Schnell ein paar Kernkraftwerke abgeschaltet oder die Grenzen für Flüchtlinge geöffnet, die Scheinwerfer und die Bühne sind ihr sicher. Nun ist sie mit sich im Reinen, das Publikum ist auch noch still.

Die Akute lebt im Moment, räumlich wie zeitlich. Und deutet sich wie fernes Donnergrollen ein Unheil an, so interessiert es sie nicht. Dann wenn das Problem direkt vor ihren Füßen liegt, dann wird sie es beseitigen. So hat sie es immer getan und so war es immer gut. Nur was akut ist, ist wahr.

Der Machtlose

Der rechte Arm des Machtlosen besteht eigentlich nur aus einem überdimensionalen Zeigefinger. Schon als er noch ein Kind war, bekam er den Spitznahmen ›Winkerkrabbe‹, weil eben dieser Riesenfinger an seiner Hand an dieses Krustentier erinnert, welches mit seiner Riesenschere auch nur Aufmerksamkeit erregen will, aber ansonst ist mit dem Ding nichts anzufangen.

Doch das ist nicht die einzige Gemeinsamkeit mit der Krabbe, auch seine Haltung und seine Art sich fortzubewegen erinnert daran. Immer irgendwie geduckt, nie aufrecht gerade. Ob er sitzt oder geht oder steht, immer ist seine Höhe die gleiche. Kriechend schleichend seitwärts bewegt er sich, so scheint es, und geräuschlos. Er weiß selbst wie hässlich er ist, noch nie hat ihn ein Mädchen geküsst.

Einen entscheidenden Unterschied zur Winkerkrabbe gibt es aber, der Machtlose nutzt seinen Finger nicht, um auf sich selbst aufmerksam zu machen – nein – er zeigt auf andere. Schon als Kind lernte er so seinen Finger, zu den einzigen Zweck, zu dem er nütze ist, zu benutzen. Er zeigte seinem

Hund, in welche Richtung dieser zu rennen hat. Mit Vorliebe jagte er den ihn auf Katzen. Diese kümmerten sich nie um seinen Finger, die schienen sich nicht dafür zu interessieren, doch wenn er seinen Hund auf sie hetzte, dann spürten sie, welche Folgen es hat, ignoriert man den Finger des Machtlosen.

Hat er heute jemanden entdeckt auf den er hinweisen, den er denunzieren kann, durchfließt ihn ein Gefühl von Macht. Auf einmal steht er aufrecht, ein greller Schrei dringt aus seinem Mund, der alle Aufmerksamkeit erst auf seinen Finger zieht, und dann weiter in die Richtung, in welche er weist. Seine Machtlosigkeit, unter der er die ganze Zeit leidet, ist in diesem Moment der Denunziation verschwunden, alle Blicke folgen seinem Finger.

Die Technik wie das funktioniert, dies erlernte er bereits als Kind mit seinem Finger-Hund-Katze-Spiel, was für ihn nie ein Spiel war, sondern immer nur sein Bedürfnis nach Macht befriedigen sollte. Der Hund war die Verlängerung seines ohnehin schon gigantisch großem Fingers, sein Instrument zur Zerstörung all dessen, was nicht der Macht seines Fingers folgte.

Seinen Köter hat er heute nicht mehr, als der alt und blind wurde, hat er ihn im Keller eingesperrt und verhungern lassen. Aus dem Hund sind nun Menschen geworden, sie funktionieren genau so und folgen seinem Denunziationsfinger.

Der Reaktionär

Der Reaktionär lebt zwei Leben, eines vor und eines nach der Verwandlung. Wie der Schmetterling, der erst Raupe ist, um sich dann in der Metamorphose in ein scheinbar völlig anderes Wesen zu verwandeln. Doch anders als bei diesem Insekt, geschieht die Verwandlung des Reaktionärs nicht automatisch, ist kein natürlicher Automatismus vorhanden, der ihm eine neue Gestalt verleiht. Irgendetwas löst die Verwandlung aus, niemand weiß aber genau was es ist. Der Reaktionär berichtet gerne über seine Metamorphose, er empfindet sie als Erweckungserlebnis, so als hätte er vorher keine Augen gehabt, und ist erst jetzt sehend geworden.

Wie ein Schlafwandler sei er durchs Leben gegangen, nichts außer ihm selbst und seine Familie habe ihn interessiert. Seine Umwelt akzeptierte er, so wie sie ist, er passt sich ihr an, nutzte sie zu seinem Vorteil, ohne darüber nachzudenken oder zu beobachten, wie sich diese Umwelt verändert.

Vor der Metamorphose ist der Reaktionär nicht von anderen Menschen zu unterscheiden, er verhält sich wie sie, sieht auch so aus, isst und trinkt das Gleiche.

In der Wissenschaft ist noch nicht geklärt, ob im Grunde jeder Mensch die Gene zum Reaktionär in sich trägt, oder nur manche. Unstrittig ist allerdings, dass es einen Anlass braucht, damit die Metamorphose eintritt. Es können langsame Veränderungen sein, die irgendwann einen Level erreichen, der beim Reaktionär die Verwandlung auslöst, oder auch plötzliche Vorkommnisse, die ihm aus seinem schlafwandlerischen Dasein erwecken.

Irgendeine Situation ist unerträglich geworden und hat die Metamorphose ausgelöst. Nun schwingt sich der Reaktionär auf zur Suche nach einer besseren Welt. So wie sie vielleicht mal war, doch er kann sich nicht richtig erinnern, vor seiner Verwandlung hatte er seine Umwelt ja nur schemenhaft wahr genommen. Da schien ihm alles in Ordnung. Da muss alles in Ordnung gewesen sein, sonst wäre seine Erweckung ja viel früher geschehen, sonst wäre er vielleicht als Reaktionär geboren worden.

Den meisten Mitmenschen erscheint der Reaktionär nun als einer, der die Vergangenheit wieder herstellen möchte. Die Zeit in der alles in Ordnung schien. Doch dieser Eindruck täuscht, der Reaktionär weiß, dass er seine Metamorphose nicht rückgängig machen kann. Er möchte es auch nicht, eine Rückverwandlung würde ihn ja in diesen überwundenen schlafwandlerischen Zustand versetzen. Nein, der Reaktionär lebt ganz in der Gegenwart, nur möchte er herausfinden, was genau der Anlass seiner Verwandlung war. Dies ist der Punkt, an dem offensichtlich wurde, dass etwas schiefläuft, und darauf reagiert er. In der Vergangenheit gräbt er nur, um herauszufinden, ab wann etwas aus dem Ruder gelaufen ist, um es klarer benennen zu können.

Diffamierungen, er würde die Vergangenheit wieder herstellen wollen, bringen den Reaktionär in Wallung, denn er sieht sich als Korrektor, jemand muss doch darauf hinweisen, dass hier was falsch läuft. Und die ihn diffamieren, sind genau dafür verantwortlich, dass der Kahn aus dem Ruder läuft. Hier muss man eingreifen, hier muss man reagieren. Reaktionär zu sein, bedeutet für ihn, auf erkannte Fehlentwicklungen zu reagieren, sie zu korrigieren. Bislang hat nur er erkannt, dank seiner Metamorphose, dass die Situation unerträglich geworden ist.

An Erweckungsereignissen, Vorgänge welche die Metamorphose von ganz gewöhnlichen Menschen hin zu Reaktionären einleiten, mangelt es derzeit nicht, demzufolge auch nicht an Reaktionären. „Bis hierher konnte ich mit gehen", sagt der nun Sehende „doch das was nun geschieht, ist falsch." Er ist zum Reaktionär geworden, ohne dies selbst bemerkt zu haben. Nur die Umstände seiner Verwandlung wird er nie vergessen, den Anlass warum sich sein Weltbild veränderte.

Der Zwitscherer

Der Zwitscherer hat einen großen Schnabel, diesen reißt er bei jeder Gelegenheit weit auf, so wie das Küken im Nest, wenn sich eines der Elternvögel nähert.

Es gibt Futter, einen Wurm vielleicht, oder Vorverdautes aus dem Kropf. Er muss schnell reagieren, der Erfolg im Augenblick ist wichtig, setzt er sich jetzt nicht durch, ist die Chance auf Futter vertan. Alle Strategie, jede Positionierung, ist nur auf den Augenblick ausgerichtet in dem der Zwitscherer die Chance auf Aufmerksamkeit bekommt. Der Elternvogel kann immer nur einen füttern, wenn er sich jetzt nicht bemerkbar macht, dann geht er leer aus.

Sein Nest sind die Talkshows der Republik. Hier sitzt er zusammen mit anderen Zwitscherern und der Moderator verteilt seine Gunst in Form vom Redezeit. Diese ist immer zu kurz, der Zwitscherer muss alles was er sagen möchte auf zwei oder drei Sätze verdichten. Wie beim Kurznachrichtendienst Twitter, dort trainiert er das.

Manchmal bekommt er Vorverdautes aus dem Kropf des Moderators angeboten, Friedman macht das besonders gern, dann wird es schwierig die eigene Botschaft unterzubringen. Falls er das Futter nicht annimmt, bekommt er die Aufmerksamkeit entzogen. Dann muss er besonders schnell, in nur wenigen Worten, seine Botschaft vortragen, bevor ihm der Moderator das Wort abschneiden kann und sich einem anderen Zwitscherer zuwendet.

Manchmal hat er Glück und ist im Nest allein, keine weitere Zwitscherer sind eingeladen. Eigentlich hätte er jetzt die Zeit und die Aufmerksamkeit ganz für sich, etwa bei Frank A. Meyer oder Michael Hirz, doch er hat es verlernt einen Standpunkt herzuleiten, sofort wie die Lichter im Studio angehen, die Kamera läuft, befindet er sich im Aufmerksamkeitserheischungsmodus und reiht eine verdichtete Aussage an die andere. Es ist die Natur des Zwitscherers, dass er den Schnabel weit aufreißen muss.

Es gibt Vögel die zwitschern und welche die singen. Die die singen, haben was zu erzählen, doch diese haben in einer Runde mit Zwitscherern nichts verloren. Selbst wenn sie dort zu Wort kommen, es bleibt nie genug Zeit für eine Geschichte. Die anderen Zwitscherer fallen ihnen ins Wort, wenn es der Moderator nicht tut. Dabei haben die anderen gar nicht zugehört was der Singvogel erzählt, sondern nur auf eine Gelegenheit gewartet mit weit aufgerissenen Schnabel die Aufmerksamkeit auf sich zu ziehen. Ein Zwitscherer weiß im Nachhinein nie was ein anderer erzählt hat, seine ganze Aufmerksamkeit gilt nur dem Augenblick der Chance. Jetzt darf er etwas sagen, ein paar Sekunden hat er Zeit, und wenn es ihm gelingt den Moderator zu beeindrucken, dann kann er noch einen Satz anfügen.

Der Moderator aber, vielleicht sein ganzes Team, ergötzen sich an diesem unwürdigen Schauspiel welches die Zwitscherer abliefern. Herrlich wie weit die den Schnabel aufreißen können, nur um einen kleinen Augenblick der Aufmerksamkeit auf sich zu ziehen. Am nächsten Tag kann man dann in der Zeitung lesen, wer den Schnabel am weitesten aufgerissen hat, dieser wird als Sieger gekürt. Was gesagt wurde haben alle vergessen, dies hat nie wirklich jemanden interessiert.

Die Populisten

Die Populisten sind Zwillingsbrüder. Keine eineiige, sie sehen sich zwar zum Verwechseln ähnlich, doch beim genaueren hinsehen sind sie sehr verschieden. Sie haben die gleichen Eltern, logisch, das gleiche Alter und auch ihr Spielsachen sind die gleichen.

Ihre Namen sind K. und A. Beide wurden sie lange von der Mutter gestillt, fast zwei Jahre lang, und es hatte jeder von ihnen die Vorliebe für eine bestimmte Brust der Mutter. K. immer rechts, A. immer links, wenn man es aus Sicht der Mutter sieht, aus Sicht der Kinder natürlich umgekehrt.

Deshalb macht es für diese Beschreibung keinen Sinn eine politische Assoziation zu bemühen, die rechts-links Unterscheidung hat mit der Perspektive zu tun, und die ist eben je nach Standpunkt verschieden. Was für die Mutter rechts ist, ist für die beiden Populisten links, es macht also wirklich keinen Sinn, zu sagen, an welcher Brust K. und an welcher A. gestillt wurde. Für uns genügt es vollkommen, zu wissen, dass sie immer nur an der jeweils gleichen waren.

Kam es vor, dass es die Mutter verwechselt hatte, sie A. an K.s Brust anlegte, und umgekehrt, so verweigerten sich die Babys, sie schrien und protestierten. Schnell wurde dann gewechselt.

Nur waren die beiden Brüste nicht gleich ergiebig, Brüste sind nie genau gleich, die die näher am Herzen liegt, ist immer etwas größer als die andere. Auch dieser Unterschied ist nur bei ganz genauem hinsehen erkennbar, besser noch beim betasten, dann ist der Unterschied fühlbar. Manchmal, wenn der Ehemann in zärtlichen Momenten die Brüste der Mutter betastet und streichelt, so wird das aufkommende romantische Gefühl sofort durch die Frage der Mutter zerstört: „Kontrollierst du wieder, welche Brust die größere ist?" Ihr ist der Unterschied natürlich immer bewusst und immer hat sie Angst, andere Menschen könnten diesen, aus ihrer Sicht Makel, erkennen.

Gerade weil sich die Mutter dieser anatomischen und biologischen Umstände bewusst war, versuchte sie die Populistenzwillinge an der Brust zu wechseln, sie wollte sie gleich behandeln, keinen bevorzugen. Doch die beiden verweigerten sich, ein jeder wollte an seine Seite. Auch als dann langsam die Muttermilch versiegte, zuerst auf K.s Seite, und nur noch eine Brust gegeben werden konnte, wollte K. keineswegs an der anderen Brust gestillt werden. Er gab sich scheinbar mit der Flasche zufrieden, in Wirklichkeit aber wurde sein Selbstbild bestätigt, wonach er der benachteiligte ist. Schon vorher hatte er weniger Muttermilch abbekommen, da eben die Mutterbrust auf seiner Seite nicht so ergiebig war. Nie mehr konnte er Vertrauen zur Mutter aufbauen, aus einer Trotzhaltung erwuchsen Überzeugungen.

Heute nun, beide Populisten sind erwachsen, sind diese frühkindlichen Prägungen immer noch wirksam. K. misstraut der Mutter, beäugt sie kritisch, während A. Vertrauen zu ihr entwickeln konnte. Sitzen beide nun an Stammtischen mit anderen Leuten, mit ihren Freunden und Nachbarn, dann schauen sie den Menschen aufs Maul, wie man so sagt. Da sie Populisten sind, ist es ihre Natur dies zu tun. Doch sie nehmen das Vernommene völlig unterschiedlich wahr. Während K. hinter allem Geäußerten eine Niedertracht und Böswilligkeit vermutet, entdeckt A. darin tiefere Wahrheiten.

Es ist eine Verleumdung, unterstellt man den Populisten, egal welchem, es ginge ihnen im Wesentlichen um die Wirkung der eigenen Worte aufs Volk. Dies kommt erst viel später, wenn sie die gewonnenen Erkenntnisse mit eigenen Interessen verknüpfen.

K. misstraut der Mutter und bekämpft sie nun um sich für vergangene vermeintliche Missachtung zu rächen, er möchte sie belehren und in eine neue Rolle zwingen. A. vertraut ihr und möchte sie beschützen und ihr eine Stimme geben. Beide Populisten sehen sich sehr ähnlich, aber nur auf den ersten Blick. Den entscheidenden Unterschied erkennt man in ihrem Verhältnis zur Mutter.

Die Grenzenlose

Ursprünglich war die Grenzenlose weiblich, heute nicht mehr, derartige Zuordnungen sind ihr zuwider geworden. Denn wenn es weiblich gibt, dann muss eine Grenze zu nicht-weiblich gezogen werden. Und Grenzen werden verteidigt, sonst wären es ja keine, sie sind somit der Anfang aller Disharmonie. Hier etwas was ist, dort etwas was nicht ist. Abgrenzen bedeutet Gegnerschaften aufzubauen.

Von kulturellen Unterschieden wird gesprochen oder biologischen. Klar weiß sie, dass sie keinen Penis hat, doch was bedeutet das schon, es sind nur Äußerlichkeiten, im Grunde gibt es keine Unterschiede. Die Kultur hat die Menschen verblendet, sie erkennen nicht mehr den innewohnenden Geist einer Sache, der überall gleich ist, weil alles zusammen gehört, alles den gleichen Ursprung hat.

Als Kind bekam sie Spielsachen für Mädchen, sie schämt sich mit diesen Puppen gerne gespielt zu haben. Sie begriff damals noch nicht, dass dies alles Indoktrination ist. Sie wurde zum Mädchen erzogen. Irgendwer hat mal die Unterschiede zwischen den Jungs und den Mädchen aufgrund von Äußerlichkeiten beschrieben. Zuerst in den Religionen, dann in den Wissenschaften, und um diesen Unterschieden einen Sinn zu geben, wurde die Kultur erfunden, um die Menschen als kulturelle Wesen zu beschreiben.

Doch alle Kultur ist nur eine große Verschwörung, die uns Unterschiede vorgaukelt, wo keine sind. Der den Dingen innewohnende Geist, der ein universeller ist und keine Unterschiede kennt, wurde verdrängt. Genau darum geht es nämlich auch bei der Vertreibung aus dem Paradies. Von nun an gab es Grenzen. Zwischen Mann und Frau, zwischen Himmel und Erde, und aus diesem Irrglauben, sich abgrenzen zu müssen, entstanden die Völker.

Der universelle Geist wurde vergessen, alles wird nun zugeordnet, ab- und ausgegrenzt. Wissenschaften tun so, als ob irgendwas speziell beschrieben werden könnte, Religionen genau so. Nur der Begriff des Nirwana hat sich ins Zeitalter der Verblendung gerettet und lässt eine Ahnung davon haben, wie die Grenzen überwunden werden können. Nicht nur die in Wissenschaft, Religion oder Kultur beschriebenen, sondern auch die des Individuums. Deswegen ist sie nun nicht mehr weiblich, diese indoktrinierte Verblendung hat sie überwunden. Sie empfindet sich nicht mehr als Individuum, sondern als Teil des universellen Geistes.

Manchmal wird sie als Esoterikerin beschimpft, es

trifft sie nicht. Wie blind sind doch diese Leute, die den universellen Geist nicht kennen, nicht wissen, dass dieser auch den Tieren, den Pflanzen und den Steinen innewohnt. Esoteriker erkennen Grenzen an, meinen nur eine Verbindung zwischen den Dingen und den Lebewesen herstellen zu können und schaffen durch ihre Beschreibungen und Erklärungen doch nur neue Grenzen.

Kürzlich allerdings, im Zug nach irgendwo, wurde sie auf ihren Dialekt angesprochen und jemand fragte sie: „Welche Landsmännin sind sie?" Sie gab Auskunft und erzählte von ihrer Kindheit. Dabei fühlte sie sich so, als ob sie von einer großen Reise nach Hause zurückgekehrt sei. Der große universale Geist war auf einmal verschwunden, der Ort, in welchem der Dialekt ihrer Kindheit gesprochen wird, ließ sie, selbst in der Erinnerung, wieder als Individuum erscheinen.

Im nächsten Bahnhof, es war nicht ihr Zielort, verließ sie ganz schnell den Zug. Sie schämte sich ihrer Sünden. Sie hatte den großen universalen Geist wegen einer dummen Kindheitserinnerung verraten.

Sie wird nie mehr wieder in ihrem Dialekt zu Menschen sprechen, nicht mal in Hochdeutsch. Die Sprache schafft Grenzen und Zuordnungen und lässt eine kulturell indoktrinierte Individualität entstehen. Dies ist die Wurzel allen Übels, sie dachte, sie hätte es überwunden, als sie beschloss, nicht mehr weiblich zu sein.

Das Burgfräulein

Das Burgfräulein hat sich ihre Burg selbst gebaut, doch sie ist nicht von hier, nicht hier geboren, kennt weder ihre Vorfahren, hat keine Nachfahren und manchmal weiß sie selbst nicht woher sie stammt. Nur dass nun eine Burg, ihre Burg, in der Ebene steht, dort wo früher nur Felder oder Brachen waren, macht sie stolz. Die Menschen ringsum kümmern sich nicht weiter um dieses Gebäude und manche schämen sich gar, ein derartiges misslungenes Gemäuer in der Nachbarschaft zu haben.

Das Burgfräulein hätte vielleicht einen Architekten fragen sollen, wie man denn so eine Burg baut, oder wenigstens einen Handwerker. Doch das hat sie nicht nötig, glaubt sie, und ist ganz stolz auf ihr Werk. Nur die Gegend behagt ihr nicht: flaches Land, keine Berge, die man in Besitz nehmen könnte, um dann gewissermaßen über den Dingen zu thronen.

Doch dort sitzen die Adeligen, die Lackaffen und Schnösel. Vor Generationen, Jahrhunderten schon, wurden diese Hügel besetzt. Nur mit viel Kampf könnte sie eine solche Burg in Besitz nehmen und selbst wenn es ihr gelingen würde, sie würde sich nicht wohlfühlen dort. Die Traditionen, die Historien, die geradezu wie Gase aus den Steinen ausdünsten, würden sie an ihre eigene Herkunft erinnern. Nein, da zieht sie sich viel lieber auf ihre Burg zurück.

Manchmal vernimmt sie Nachrichten, die ihren Ursprung von einer dieser erhabenen alten Burgen haben. Posaunen künden eine Festlichkeit an. Vielleicht einem alten Brauch folgend. Dann wird sie zornig, sie versteht diese Botschaften über Bräuche nicht, weiß nur, es muss gegen sie gerichtet sein. Sie hat keine Posaunen und kennt auch niemand, der sich auf die Kunst versteht, mit diesen das Volk zu informieren. Dann reitet sie aus, mit feuerrotem Kopf und vor Wut schnaubend, um den anderen Burgherren zu zeigen, dass diese nur Krach um Vergangenes machen. Außerdem: Posaunen lügen immer.

Ein paar Helfer führt sie im Schlepptau mit, diese sammeln unterwegs Mist und Schlamm und Dreck auf, bewerfen damit dann diese alten Burgen. Manchmal gelingt es ihr einen der Posaunenbläser mit Dreck zu bewerfen, der hatte dann den Fehler gemacht, sich zu ihr hinabzubegeben, weil er glaubte, dem fremden Burgfräulein nur erklären zu müssen, wie man die Posaune zu handhaben hat, und was die Töne bedeuten.

An solche Erfolge erinnert sich das Burgfräulein dann sehr lange und immer wenn sie mit ihren paar

Getreuen zusammensitzt, dann werden diese Geschichten erzählt, wie es ihr gelungen ist, die anderen Burgen zu besudeln.

Sollte sich einmal ein Fremder auf die Burg des Burgfräuleins verlaufen, so wird er dort umschmeichelt und bewirtet. Und er wird gewarnt vor diesen anderen alten Burgen, wie dreckig sie seien und wie diese stinken. Und nur dem Burgfräulein ist es zu verdanken, die die den ganzen Dreck und Mist dorthin brachte, dass die Fremden nun sehen, welch mieser Charakter auf den Hügeln zu Hause ist.

Aber wehe dem Fremden, sollte er erwähnen, dass ihm die Klänge der Posaunen wahrhaftig erscheinen, dann wird das Burgfräulein wieder zur Furie und jagt ihn davon. Was soll sie auch machen, ihre Burg steht in der Ebene, ist von ihr selbst erbaut, und sie kann sich nur empor heben, in dem sie andere beschmutzt.

Der Patriot

Am liebsten steht er, der Patriot. Kerzengerade als hätte er ein Lineal verschluckt. Fordert ihn jemand auf, sich hinzusetzen, Platz zu nehmen, so schaut er zuerst links und rechts, ob andere Personen noch stehen. Die könnten ja dann auf ihn herabsehen, dankend lehnt er ab. Ein König darf sitzen, auf einem Thron, seine Untertanen müssen auf die Knie vor ihm. Immer die Augenhöhe ist entscheidend, wer Herrscher und wer Beherrschter ist. Der Patriot ist viel zu stolz, niemals würde er sich vor jemanden erniedrigen, schon deshalb ist er für die Republik, Demokrat natürlich auch, doch das ist ihm nicht so wichtig, eigentlich käme er auch mit einer Diktatur klar, Hauptsache man nimmt ihn ernst und niemand zwingt ihn sich hinzuknien.

Fragt man ihn, was seinen Patriotismus ausmacht, so sind keine klaren Antworten zu erwarten, über sich selbst macht er sich nicht so viele Gedanken. Er ist, wie er eben ist, wichtig erscheint ihm nur, dass sich alle Menschen auf Augenhöhe begegnen. Dies ist sein Indikator über die Freiheit der Gesellschaft, der er sich zuordnet, als auch anderen Gesellschaften gegenüber. Zeigt dieser Indikator an, dass sich die Augenhöhen zu stark unterscheiden, dann wird er aktiv. Er macht sich zum Fürsprecher derer, die sich nicht gerade hinstellen möchten oder können und zum Feind der anderen, die sich künstlich erhöhen.

Da der Patriot über sich selbst eigentlich nichts weiß, sucht er sein Spiegelbild in der Gesellschaft. Ist diese auch so aufrecht wie er? Meist ist dies nicht der Fall, es sind in der Mehrzahl Opportunisten, die der Patriot erkennen kann. Menschen die sich anpassen und dabei erniedrigen, auf die Knie gehen vor etwas anderem. Was es ist, vor dem die Leute ducken? Niemand weiß es, es ist auch unwichtig. Entscheidend ist nicht die Ursache, sondern die Wirkung: Der aufrechte Gang wird verlernt.

Oft wird dem Patriot vorgeworfen, er würde sich gegenüber anderen erheben, welch ein Trugschluss. Was kann er dafür, wenn sich Menschen erniedrigen, wenn sie mit krummen Rücken und gesenktem Blick durchs Leben gehen, dann muss er ja auf sie herab blicken.

Der Wortwäscher

Der Wortwäscher hat seine Kinder umgebracht. Er selbst sieht es natürlich anders, er musste ihnen den Mund mit Seife auswaschen, weil sie dreckige Wörter verwendet haben. So wie früher, als die Prügelstrafe noch akzeptiertes Mittel in der Erziehung war, da gab es auch schon solche Eltern, die ihren Kindern den Mund mit Seife ausgespült haben, wenn diese unanständige Wörter gesagt haben. Dem Wortwäscher können die Worte gar nicht sauber genug sein, er wäscht sie mit Sagrotan. Jeder Geruch, jede Verfärbung muss beseitigt werden, auch aus dem Mund der Kinder. Mit dieser ständigen Mundwäsche hat er sie schließlich umgebracht.

Kürzlich hat sich der Wortwäscher mit ein paar Gleichgesinnten zusammengetan, eine Jury ins Leben gerufen, die wiederum ganz in der Tradition der Strafe ›Mundwäsche‹ ein Unwort des Jahres gekürt haben.

Nun laufen sie umher, die Anhänger einer politisch korrekten Sprache nach eigenen ideologischen Richtlinien, mit der Seife in der Hand, um anderen den Mund auszuspülen. Es soll Menschen geben, die aus

Angst vor der Seife nun keine Unwörter mehr verwenden, auch solche nicht, die noch nicht als Unwörter nominiert sind, es aber sein könnten. Die Sprache soll antiseptisch werden.

Ihre eigenen Kinder, die wie alle unsere Kinder die Namen ›Worte und Sprache‹ tragen, haben die Wortwäscher mit ihren antiseptischen Mitteln vergiftet. Deren Sprache ist nun tot, wie ihr Denken.

Die Neun

Die Neun entwickelt ihre ganze Hinterhältigkeit aus dem Hintergrund, sie versteckt sich hinterm Komma, hinter diesem ›aber‹. EinEuroKommaNeunundNeunzigCent. Die Neun straft die Eins Lügen, doch die kann gar nichts dafür, die Neun wurde ihr nur angefügt. Es ist nicht ein, sondern fast zwei Euro was das Ding kostet. Das Komma ist auch stinkig auf die Neun, weil sie sich immer hinter ihm versteckt, aber behauptet, das Komma hätte seine Existenzberechtigung nur durch sie. Ohne die Neun würde es gar nicht gebraucht. Das Komma sieht sich als ein Relativierer, es fügt der Aussage etwas hinzu. Ist die Zahl hinter dem Komma eine Eins oder eine Zwei, so ist es eine Ergänzung, die kaum etwas an der Aussage vor dem Komma ändert. Eine Neun aber relativiert nicht, sie verändert die Aussage. Dies ärgert das Komma, es fühlt sich bei einer Augenwischerei benutzt.

Ein Beispiel: Wir müssen die Flüchtlingskrise bewältigen, nationale Alleingänge können aber nicht die Lösung sein. Der einschränke Nebensatz verändert die Aussage. Diese lautet nun nämlich: Um Europa so zu erhalten, wie wir es möchten, dürfen wir keine nationalen Alleingänge in der Flüchtlingskrise wagen. Vor dem Komma steht Flüchtlinge, doch diese Aussage dazu ist Augenwischerei, es geht eigentlich mehr um eine Vision von Europa. Das Gleiche beim Klimaschutz, hier steht dann nach dem Komma, dass Kernkraft keine Option ist. Damit wird ebenfalls die Aussage verändert: Nicht um Klimaschutz geht es, sondern um die Subventionierung und Unterstützung eines als richtig angesehenen Industriezweigs. Den sogenannten Erneuerbaren eben.

Wir müssen uns bei allen Aussagen immer genau anschauen, was nach dem Komma steht. Ist es eine Neun, stimmt die Aussage nicht mehr. In der Mathematik wenden wir die Technik des Rundens an, um den Wert einer Aussage darzustellen. Der irreführenden Preisauszeichnung im Supermarkt, mit ihren KommaNeuundneunzig Preisen, gehen wir, zumindest wenn wir nicht nur unterbewusst einkaufen, nicht mehr auf den Leim.

Genau dieses Runden sollten wir bei Politikeraussagen ebenfalls anwenden. Das gedankliche Hilfsmittel dazu geht so: Dem einschränkenden Nebensatz, dem was nach dem Komma steht, wird ein Wert zugeordnet. Ist es eine Eins oder eine Zwei, dann stimmt die Aussage noch, so ungefähr. Ist es aber eine Neun, dann haben wir es mit einer anderen Aussage zu tun, die eigentlich verschleiert werden soll. In der Mathematik fällt uns dieses Runden leicht, wir haben es bereits in der Schule gelernt. Politikeraussagen zu runden, um den eigentlichen Wert, die wirkliche Aussage zu ermitteln, erfordert ein wenig Übung. Doch wenn der Wert für den Nebensatz ermittelt ist, fällt auch die Suche nach der eigentlichen Aussage nicht schwer. Die Technik des Rundens von Politikeraussagen, somit die Erfassung der eigentlichen Aussage, kann man sich in der Theorie aneignen, an Stammtischen und dergleichen wird sie praktiziert. Dort wird über diejenigen gelacht, manchmal auch geschimpft, die so gerne die Neun verwenden, um Menschen hinters Licht zu führen.

Der Effiziente

Der Effiziente hat klare Vorstellungen davon, was er will, oder haben möchte. Immer wägt er Nutzen und Aufwand gegeneinander auf, bevor einen Entschluss fasst. In Exel-Tabellen ist er zu Hause, entwickelt Parameter für dies und jenes. Seine Beratungsfirma kann sich über mangelnde Aufträge nicht beschweren.

Ursprünglich wollte er Architekt werden, schnell brach er das Studium ab, zu viel Brimborium und Drumherum um die eigentliche Aufgabe, nämlich Gebäude zu planen die einen optimierten Lebensablauf ermöglichen. Am schlimmsten sind die Landschaftsarchitekten und die Stadtplaner, es sind keine Architekten mehr, sondern Soziologen oder Historiker oder Künstler und stehen somit optimierten Handlungsabläufen nur im Weg. Lediglich die Bauhausleute können noch mit etwas Verständnis rechnen, aber die gibt es ja nicht mehr, nur einen Abklatsch davon. Was mal als loslassen von überkommener Tradition gedacht war, wurde nun selbst eine.

Überhaupt, die Traditionen. Alles nur eingeschlichene Verhaltensweisen die der Effektivität im Wege stehen. Ist das Ziel definiert, gilt nur der kürzeste Weg dahin. So was lässt sich messen und dann in Zahlen ausdrücken. Musik, Kunst und Literatur haben für ihn nur einen Zweck, Menschen in eine Stimmung zu versetzen, in der sie eine gewisse Lockerheit gewinnen, um den Weg zum Ziel nicht als Last zu empfinden. Immer aber bleibt das Ziel im Auge, alles was vom kürzesten Weg dahin ablenken könnte, wird von vorn herein verworfen.

Selbst der Glauben ist seinem Effizienzstreben untergeordnet. Nicht dass er besonders religiös wäre, wie alles, so prüft er auch hier, wie Religiosität zur Effizienzsteigerung nützlich sein könnte. Obwohl ihm sonst Traditionen ein Graus ist, begann er in der Geschichte seiner Familie zu forschen. Deren Vorfahren sollen aus Ulm stammen, so jedenfalls sagte es seine Großmutter mal. Wenn das stimmt, dann hätte er eine Erklärung für seine Abneigung für Schnörkel oder Dekoration, sicher waren seine Vorfahren am Bildersturm 1531 beteiligt. Ob es stimmt? Er weiß es nicht, konnte es nicht herausbekommen, aber es erscheint ihm logisch. Auch bei der Erklärung seiner Selbst nimmt der Effiziente die kurzen direkten Wege.

Kürzlich ließ er in der S-Bahn sein Smartphone liegen, hatte den Zug schon verlassen, als ihm eine junge Frau hinterherlief und laut „Hallo, Hallo, Ihr Handy" rief. Ein Blick in seine Tasche: Shit, stimmt! Lächelnd übergibt die junge Frau das Smartphone dem Effizienten. Die Türen des Zuges schlossen sich und er fuhr ab. Beide standen nun allein auf dem Bahnsteig, alle anderen Passagiere hatten es eilig und drängelten sich bereits an der Rolltreppe. Die junge Frau hatte es offensichtlich nicht eilig, schien glücklich jemanden geholfen zu haben.

Sofort erfasste der Effiziente die Situation, sie hatte den Zug seinetwegen verlassen, nun musste sie auf die nächste Bahn warten. Zwanzig Minuten. Es überkam ihn das Gefühl einer moralischen Verpflichtung in dieser Wartezeit der jungen Frau Gesellschaft zu leisten. Schnell zimmerte er sich eine Rechtfertigung zurecht, die es ihm ermöglicht diese zwanzig Minuten in seine Zeiteffizienzplanung zu integrieren. Wäre das Smartphone weg gewesen, wäre nicht nur eine Stange Geld futsch, sondern auch viel Zeit. Ein neues kaufen, dies einrichten, nach Daten suchen, und so weiter. Selbst wenn es jemand im Fundbüro abgeben hätte, wäre der Zeitaufwand um es wieder in Besitz zu nehmen, ein viel größerer, als die paar Minuten die er nun auf dem Bahnsteig zu verbringen gedachte.

Er kann nichts dafür, solche Überlegungen geschehen beim Effizienten quasi automatisch, es ist seine Natur immer Aufwand und Nutzen abzuwägen. Wenngleich diese Rechnung im vorliegenden Fall natürlich nicht stimmt, er hatte das Handy ja schon, bräuchte die zwanzig Minuten eigentlich gar nicht zu investieren. Verdammte Moral, wo die auf einmal herkam konnte er sich nicht erklären und versuchte nur an seine Effizienzrechnung zu denken.

Zwanzig Minuten ohne Ziel und Sinn, der Effiziente fühlte sich hilflos, irgendwie musste er diese Zeit überbrücken. Doch wie geht das, ohne ein Ziel zu haben, nach dem hin gestrebt werden kann. „Vielen vielen Dank" hörte er sich sprechen, um in einer Geste der Verlegenheit sich vorzustellen: „Vielen Dank, mein Name ist Hansjörg Effizient". „Bitte, bitte, gern geschehen", antworte die junge Frau, „ich bin die Christina". Seine Irritation wuchs: Sie ist ›die‹ Christina? So als ob es keine weiteren Personen mit diesem Namen geben würde. „Sie ist", es ging ihm nicht mehr aus dem Kopf. Wie kann jemand einfach nur sein, genügt ihr das?

Zu Hause angekommen, war der Effiziente immer noch durcheinander. Er hatte Christina zu einem Abend beim Italiener eingeladen. Freilich faszinierte ihn diese Frau, es ist schon gefühlte Ewigkeiten her, dass ihn jemand so durcheinander brachte. Doch Stück für Stück kehrte sein rationales Denken zurück, er begann den Samstagabend zu planen. Was ist Ziel des Abends: Sex! Der Ausgangspunkt ist Kennenlernen im Restaurant. Dieses hatte er natürlich mit Bedacht ausgewählt, es schien ihm am ehesten geeignet eine Frau in romantische Gefühle zu versetzen, wodurch das Ziel viel früher erreicht werden kann. Er nannte es seinen Adriano-Celentano-Index, ein Song von diesem Sänger in der richtigen Umgebung gespielt, verringert den Zeitaufwand bis zum Ziel, also bis zum Sex, um gut eine Stunde. Zeitinvestition rund fünf Minuten, Zeitertrag sechzig Minuten.

Dann kam alles ganz anders, beim Italiener schon spürte er, er hatte sich verliebt. Sämtliche Planung wurde hinfällig, nur der Augenblick zählte. Sie ließen sich durch die Nacht treiben, waren noch in Clubs, tanzten und blödelten herum. Ein paar Tage später zog Christina zu ihm, versuchsweise. Der Effiziente lebt nun in einer neuen Welt, der des Augenblicks. So wie er in jener Nacht sein Ziel aus den Augen verlor, nimmt er nun auch die vielen Kleinigkeiten des täglichen Lebens wahr, schweift ab und mäandert durch den Tag. Seine Ziele sind bedeutungslos geworden. Er stellt sich vor, sollten sie heiraten, er würde seinen Namen aufgeben.

Die Baummenschen

Die Baummenschen leben nicht auf Bäumen, sie sind Bäume. Nur wenn sie noch ganz jung sind, lassen sich die Baummenschen verpflanzen und selbst dann ist es fraglich, ob ihre Wurzeln in der neuen Erde wachsen. Geht aber alles gut, der Baummensch hat seine Wurzeln entwickelt, die ihm nun Kraft und Halt geben, dann ist er eine imposante Erscheinung. Dort wo er steht, egal ob man ihn dort hin verpflanzt hat oder er von allein aus einem Samen ausgekeimt ist, ist er mit der Erde verwachsen. Er kennt die Winde und das Wetter, weiß welche Wasseradern seine Wurzeln benetzen, welche Engerlinge an ihnen nagen oder welche Kooperationen er mit, beispielsweise, Pilzgeflechten eingegangen ist.

Fürs Wohlergehen des Baummenschen ist am wichtigsten, was man nicht sieht, was unter der Erde, unter der Oberfläche ist. Stimmt dort irgendwas nicht, ist das Erdreich vielleicht zu locker oder zu fest, zu wenig oder zu viel Wasser, keine Pilzgeflechte vorhanden, so verkümmert er. Geht es aber seinen Wurzeln gut, so fühlt er sich wohl.

Nicht minder wichtig ist ihm natürlich das Licht,

das passende Klima, oder ob er seiner Art gemäß in den Bergen oder in der Ebene steht. Kurz, er ist mit seiner unmittelbaren Umgebung verbunden, kennt dort alles und kann seine Kraft und seinen Charakter nur dort entwickeln wo er hingehört.

Vogelmenschen wie ich, denen nur in ihren Alpträumen erscheint, sie wären fest mit der Erde verbunden, denen die Vorstellung Wurzeln zu haben, der gleicht angekettet zu sein, suchen dennoch gerne die Baummenschen auf, nehmen Platz im Geäst und erfreuen sich des Schattens und des Schutzes, bevor sie sich wieder in die Lüfte erheben und sich auf ihre Suche begeben. Im Frühjahr, dann wenn die Vogelmenschen ihre Jungen aufziehen, bitten sie die Baummenschen um Obdach. Ein Nest muss gebaut werden, der Baummensch beschützt es. Dieser freut sich dann über die Vogelmenschen, sie zwitschern und singen und erzählen ihm von der weiten Welt.

Nur manchmal ist dem Baummensch die Arroganz der Vogelmenschen zu viel. Die tun so, bloß weil schon so viel gesehen haben, als wüssten sie alles. Vor allem alles besser. Er kann nicht so singen wie sie, nur wenn der Wind weht, schafft er es ein wenig zu rauschen. Doch das verstehen die Vogelmenschen nicht. Selbstverliebt wie sie sind, hören sie nur auf ihr Gezwitscher. Dann wirft er seine Blätter ab, es ist seine Aufforderung an die Vogelmenschen zu verschwinden, sich einen neuen Platz zu suchen.

Kurz nur sind die irritiert, das Fernweh hatte sie sowieso schon wieder gepackt. Die Enge zwischen den Ästen wurde bedrückend, die Flügel zucken und wollen hoch in die Luft. Erst dann, wenn sie wieder Schutz brauchen oder einen Platz zum Ausruhen, dann erinnern sie sich an die Geborgenheit die Baummenschen bieten.

Der Heuchler

Der Heuchler leidet an seiner überdimensionierten Nase. Ein riesiger Zinken ragt aus seinem Gesicht und hat die Anatomie seines Schädels so verändert, dass es die Augen ganz an die Seite gedrängt hat. Beim flüchtigen hinsehen glaubt man einen Vogelkopf zu erkennen, so einen mit einem großen Schnabel wie beim Tukan oder so manchen Papagei. Nur dass es eben eine Nase ist, die den Heuchler verunstaltet, und kein Schnabel.

Direkt in die Augen kann der Heuchler niemanden schauen, die Nase ist ihm im Weg; was genau vor ihm ist, erkennt er nicht, wenn er den Kopf gerade hält. So schaut er immer nur seine Gesprächspartner mit einem Auge an und hält dabei den Kopf zur Seite gekippt. Perspektivisches Sehen ist ihm so kaum möglich. Zwar dreht er hin und wieder seinen Kopf, um zu überprüfen, ob das andere Auge das Gleiche sieht, ein dreidimensionales Bild kann so aber nicht in seinem Kopf entstehen.

Außerdem vertraut er seinen Augen sowieso nicht richtig, die Nase ist sein dominierendes Sinnesorgan. Sie ist so groß, dass es ihm ohne Anstrengung möglich ist, sie unter seine Achseln zu stecken um seinen eigenen Geruch zu erschnüffeln. Dies tut er ständig. Lange Zeit dachte man, der Heuchler beschnüffelt sich aus Eitelkeit so oft. Eitelkeit will bedient werden und da er seinen Augen nicht traut, muss diese Aufgabe eben die Nase übernehmen. So wie andere sich in vorteilhafter Pose vor dem Spiegel betrachten, so beschnüffelt sich der Heuchler eben. Dachte man.

Doch genau das Gegenteil ist richtig, nicht die Eitelkeit zwingt ihn zu dieser manischen Selbstbeschnüffelung, sondern die Scham. Der Heuchler denkt von sich, er würde stinken. Sein eigener Geruch, so seine tiefe Überzeugung, ist anderen Menschen unangenehm. Sicher rümpfen sie ihre Nasen, wenn sie den wirklichen Geruch des Heuchlers wahrnehmen.

Dem versucht er vorzubeugen, dreimal täglich duscht er, im Sommer noch mehr. Doch das genügt nicht, alle möglichen Parfüms trägt er auf. Dabei geht es ihm nicht darum, ein dem Anlass oder der Umgebung besonders geeignetes attraktives Parfüm zu benutzen, eines, das auf ihn aufmerksam macht, ihn interessant erscheinen lässt – nein, ihm geht es lediglich darum, gleich wie seine Umgebung zu riechen. Der Heuchler ist sozusagen ein Geruchschamäleon. Nur im Unterschied zum Reptil, das sich tarnt, um Beute zu machen, will der Heuchler schon gesehen werden, er ist ja auch eine imposante Erscheinung. Nur welchen eigenen charakterlichen Geruch er hat, das soll keiner mitbekommen.

Manche Menschen benutzen kein Parfüm und waschen sich auch nicht ständig. Sie verbreiten ihren ganz eigenen Körpergeruch. Von diesen Menschen hält sich der Heuchler fern, seine ganze erlernte Fähigkeit, sich den Gerüchen anderer Menschen anzupassen, kommt hier an seine Grenzen. Es gibt kein Parfüm, welches diesen Gerüchen gleicht.

Es soll allerdings schon Heuchler gegeben haben, die sich dennoch in die Gesellschaft von Geruchsanpassungsverweigerern, den Parfümlosen, begeben haben. Manchmal ließ es sich einfach nicht verhindern. Eine sonderbare Verwandlung geschieht dann mit dem Heuchler: Seine Nase bildet sich zurück. Zuerst denkt er natürlich, er würde stinken, und alle Menschen gehen deswegen auf Distanz zu ihm. Ist das dann nicht der Fall, beginnt er an seiner Nase und an seinem Schamgefühl zu zweifeln. Die Augen und das Sehen, das Hören ebenso, bekommt wieder größere Bedeutung, und da die Nase geschrumpft ist, ist es ihm nun auch möglich anderen in die Augen zu schauen.

Die Große

Vor Fotos mit ihren Klassenkameraden hatte sie immer Angst, sie schämte sich ihrer Größe. Mindestens einen Kopf größer als ihre Freundinnen war sie, dabei war sie die Jüngste in der Klasse. Hohe Absätze waren tabu, ebenso Frisuren, die sie noch größer hätten erscheinen lassen.

Freundinnen hatte sie auch keine, obwohl sie gerne welche gehabt hätte. Vielleicht lag es an der Haltung der Großen, immer wollte sie ja etwas kleiner erscheinen, als sie war, und ging deshalb etwas gebückt, mit krummen, nie mit geradem Rücken. Die anderen Mädchen empfanden dies als peinlich und fühlten sich unwohl in ihrer Gegenwart.

Letztes Jahr, nach den Sommerferien, kamen ein paar neue Schüler in die Klasse, deren bisherige Schule im Nachbarort hatte dicht gemacht. Ein paar von denen, vor allem die kleineren, suchten die Nähe zur Großen, versprachen sich wohl etwas Schutz und Geborgenheit in der für sie fremden und neuen Umgebung. Der Großen war dies unangenehm und obwohl sie sich sonst immer mit gesenktem Haupt und krummen Rücken ihren Klassenkameraden näherte, so wurde sie nun schnippisch und herablassend den Neuen gegenüber. Für einen Moment, so schien es, vergaß sie ihre sich selbst antrainierte Haltung, erhob das Haupt und machte den Rücken gerade. „Was wollt ihr von mir", sagte sie zu den Neuen, „seht ihr nicht, dass ich viel zu klein bin um euch Schutz zu geben". Sie musste nach unten blicken, auf die Neuen hinab, und nie war der Großen ihre Größe unangenehmer als in diesem Augenblick. Ihre Selbstverkleinerung war aufgeflogen, ihr Wunschselbstbild zeigte Risse. Dabei wollte sie nur nicht an ihre Größe erinnert werden, was aber geschah, als sich die Neuen in ihrer Nähe Schutz und Hilfe erhofften.

Später, auf dem Nachhauseweg, die Neuen fuhren alle im gleichen Bus, fragte eine: „Wie heißt eigentlich diese Große, die sich immer klein macht"? „Ich glaube sie heißt Deutschland", meinte eine andere. Aber genau wusste es keiner. Die Große spricht ja ihren Namen nie aus und wenn es andere tun, zuckt sie zusammen, senkt den Kopf und krümmt den Rücken.

Der Empörer

Seine Eltern waren Puppenspieler, besser Marionettenkünstler. Gleich neben einer kleinen Bühne wuchs er auf, diese nannte sich Theater am Faden und befand sich in einem unscheinbaren Klinkerbau im zweiten Hinterhof. Früher war es wohl mal die Werkstätte eines Handwerkers. Mutter und Vater wurden durch das Leben an diesen Platz gespült, ihre Herkunft lag irgendwo im Osten oder Süden, der Empörer glaubt, dass sie Zigeuner sind, dies aber vor ihm verschleiern. Wie immer, nie hörte er eine klare und eindeutige Aussage von ihnen. Nicht mal eine Urzeit nannten sie ihm, bei der Ermahnung am Abend nicht zu spät nach Hause zu kommen. Es schien, als lebte jeder der Drei, der Empörer war ein Einzelkind, in einer jeweils eigenen Welt. Die der Eltern war eine des Ungefähren, sowohl als auch, vielleicht, obwohl, könnte, so und dergleichen relativierten sie jede ihrer Aussagen.

Nur die Marionetten durften Tacheles reden, auf den Punkt kommen, der Empörer liebte sie dafür. Freilich glaubten die Puppenspieler, also seine Eltern, sie hätten die Fäden in der Hand und könnten bestimmen, was auf der Bühne geschieht, in Wirklichkeit aber, war den Marionetten ihr Charakter vorgegeben, ihre geschnitzten Gesichter ließen keine Verstellungen zu. Sollten sie es dennoch versuchen, weil das Skript sie dazu zwang, so war es sofort klar und offensichtlich. Sie bestimmten somit, was geschieht. Es ist die Illusion des Puppenspielers, zu glauben, die Puppe folgt ihm. Es ist genau umgekehrt.

Die Marionetten wurden seine Geschwister, der große Bruder, die große Schwester, sie konnten sagen, wo es lang geht, sie wussten es durch ihren eindeutigen Charakter, das Ungefähre ist ihnen fremd.

Eine Zeit lang spielte der Empörer noch mit seinen Eltern, in dem er, beispielsweise beim Abendessen, eine absolute Aussage an die andere reite. Die Mutter blickte nach unten, der Vater zur Mutter, sie schämten sich für ihren Sohn. Vor allem aber konnten sie nicht antworten, in ihrer Sprache des Ungefähren fanden sich keine Worte, mit denen sie hätten erwidern können.

Der Empörer hatte seine Macht entdeckt, wie er die Ungefähren zum Schweigen bringen konnte. Nun brauchte er nur noch die passenden Marionetten, Menschen mit geschnitzten Gesichtern, die das Ungefähre ebenso verabscheuen. Denen gibt der Empörer nun die Worte, weckt ihre Empörung und macht sie zu Empörten. Er selbst bleibt dabei ganz kühl und ruhig, als Puppenspieler, der er ist, kann er sich keine zittrigen Hände erlauben. Würden die Empörten eine Unsicherheit an ihm bemerken, sie würden sich einen anderen Empörer suchen.

Er spürt es, irgendwie, dass er sich in der Hand seiner Marionetten befindet, doch den Gedanken daran verwirft er sofort, es würde bedeuten, er gibt gedachten Möglichkeiten Raum, die aber nur eine andere Form des Ungefähren sind. Nein, er hat nun die große Bühne, verspürt die Macht, nur das Absolute schafft das. Niemals will er so werden wie seine Eltern, die mit ihrem provisorischen Theater im zweiten Hinterhof lediglich ein paar Kinder zum Lachen bringen.

Der Feigling

Zur Taufe bekam der Feigling seine Scheuklappen, es ist das traditionelle Geschenk der Feiglinge an diesem Tag. Dann wurden Lieder gesungen, immer mit den Begriffen Weg, Ziel, Kraft, Stärke und Mut im Text. Ja, die Feiglinge sind mutig und tapfer, sie gehen unbeirrt ihren Weg, lassen sich auch vor scheinbar unüberwindlichen Hindernissen nicht vom Weg abbringen. Davon handeln alle ihre Lieder und Geschichten. Die Scheuklappen helfen ihnen dabei, diesen ihren Weg nicht aus den Augen zu verlieren.

Von seinen Schulsachen war dem Feigling das Lineal immer am wichtigsten, so klare gerade Striche kann man damit zeichnen. Einer Linie kann man folgen, warum sonst gibt es Straßenmarkierungen. Die sind das Wichtigste an der Straße, einem jeden Verkehrsteilnehmer ist sein Platz und seine Richtung vorgeben, ohne Markierungen wäre nur Chaos. Immer sind es die Linien die den Weg weisen, zum nächsten Ziel. Nach der Taufe ist es der Kindergarten, dann die Schule, danach der Beruf oder das Studium, die Linien sind klar aus der Tradition der Familie vorgegeben, der Feigling folgt ihnen, er vergisst nie seine Scheuklappen, die ihn davon abhalten sollen, möglicherweise einer falschen Linie zu folgen.

Schon die Ahnen, von denen wird viel auf den Festen der Feiglinge geredet, waren immer gradlinig und machten in ihren jeweiligen Karrieren eine stolze Figur. Einige in der Kirche, die meisten beim Militär. Allerdings, und darüber schweigt man lieber, so richtig ganz nach oben hat es nie ein Feigling geschafft. Keiner in der Familie wurde je Bischof oder General.

Das Ende ihres Weges ist immer da, wo die Linien enden. Feiglinge können nur Wege gehen, die schon von anderen begangen und markiert wurden. Durch die Linien wird angezeigt, hier ist es sicher, diesen Weg kannst du gehen. Kommt der Feigling irgendwo hin, wo es keine Linien mehr gibt, dann weiß er nicht mehr weiter. Seine Scheuklappen verhindern, dass er sich einen Überblick verschaffen kann, er sieht durch sie ja immer nur kleine Ausschnitte.

Gerät der Feigling also in ein Gebiet ohne Linien, an denen er sich orientieren könnte, so beginnt er sich im Kreis zu drehen. Linksrum, rechtsrum, kurze Stopps, immer ruckhaft, sucht er visuellen Halt. Aber in einer Welt ohne die Sicherheit der Linien gibt es den für ihn nicht. Er beginnt sich zu verfluchen: Welcher Übermut nur, welche Unachtsamkeit hat ihn in diese Wildnis geführt?

Eigentlich müsste er jetzt seine Scheuklappen ablegen, um einen weiten Überblick zu bekommen. Dann könnte er sich selbst ein Ziel setzen und eigene Linien in die Welt zeichnen. Doch dafür ist er zu feige, noch nie hat ein Feigling seine Scheuklappen abgelegt. Ohne sie würde er in alle Richtungen wie Pudding zerfließen, er kann nicht ohne sie sein, er würde sich auflösen.

Irgendwann wird ihm vom im Kreis drehen schwindelig. Linksrum, rechtsrum, immer ruckhaft. Die Knie zittern, er kann sich nicht mehr auf den Beinen halten und fällt hin. Auf den Bauch liegend weint und jammert er nun. Kommt ihm niemand zu Hilfe, dann rappelt er sich ein bisschen auf, kriecht auf allen Vieren und sucht den Boden nach Linien ab. Es ist ein jämmerlicher und nach Hilfe schreiender Anblick. Irgendjemand hilft dann doch und bringt den Feigling zurück zu seinen Linien.

Wieder in seiner Welt angekommen, erholt er sich schnell. Die Linien geben ihm Kraft, sie sind es die den Sinn des Lebens ausmachen, ohne sie ist der Feigling verloren. Nie mehr wieder wird er sie verlassen, ja sie werden ihm wichtiger als er selbst. Bei der Verteidigung seiner Linien ist schon mancher Feigling gestorben, für sie kämpft er bis zur Selbstaufgabe. Sein Mut dabei, seine Tapferkeit wird dann geehrt. Feiglinge ohne Orden gibt es nicht.

Der Erklärer

Niemals geht der Erklärer ohne seinen Taschenspiegel aus dem Haus. Meist hat er auch ein Schminkköfferchen dabei. Dabei ist er gar nicht eitel, der Spiegel dient nur der Selbstvergewisserung, wer er eigentlich ist. Es muss sich ständig selbst überprüfen, ob da vielleicht irgendein Fussel an ihm haften geblieben ist, irgendwas was da nicht hingehört. Kürzlich hat er sich einen Selfie-Stick zugelegt, damit geht diese Überprüfung etwas unauffälliger. Ohne Spiegel kann der Erklärer nicht sein. Niemals würde er sich morgens vor die Tür trauen, ohne sich gewissenhaft davon überzeugt zu haben, dass alle Kleider zueinander passen, die Frisur auch, ob die Rasur gründlich war.

Alle seine Kleider sind grau, nur zu ganz besonderen Anlässen traut er sich, ganz behutsam, etwas Farbiges zu tragen. Niemand soll falsche Schlüsse über den Erklärer ziehen können. Deshalb sein überpenibles Äußeres, wie eine Fassade trägt es vor sich her. Entdeckt er eine Unregelmäßigkeit an sich, vielleicht eine Rötung im Gesicht, gar einen Pickel, so wird es sofort überschminkt.

Wie er auf seine Erscheinung achtet, so benutzt er seine Wörter. Sie werden auf Ordentlichkeit überprüft, niemand soll ihn in eine falsche Ecke einordnen können. Die Startseite seines Browsers ist Wiktionary.org, dort ist jeder Begriff genau erklärt: Bedeutung, Herkunft, sinnverwandte Wörter, Beispiele. Für die wichtigsten Wörter kennt er alles auswendig, weiß welche Gefahren in der Verwendung von mehrdeutigen Wörtern liegen.

Vor den Konnotationen graust es ihm am meisten, er kann nicht in die Köpfe seiner Zuhörer schauen, weiß nicht, welche Assoziationen sie entwickeln, wenn sie seine Worte hören. Ein falsches Bild von ihm könnte entstehen, deshalb muss er sich erklären, immer wieder, alle seine anderen Aussagen werden zu Nebensätzen, immer ist eine Erklärung davor wie das Gesagte zu verstehen ist.

Wie Schminke legen sich diese Erklärungen über seine sonstigen Wörter. Nichts Anrüchiges darf auf ihn zurückfallen und seine makellose Erscheinung besudeln können. Ein Liberaler sei er, oder ein Linker, oder ein Rechter, sagen andere Erklärer von sich, den darauf folgenden Nebensatz damit zu kleisternd. Welche Bedeutung die Aussage des Nebensatzes hat, der ja bei jedem anderem, der nicht ein Erklärer ist, ein Hauptsatz wäre, das fragt dann keiner mehr nach.

In unruhigen Zeiten sind allerdings wieder Aussagen über die Bedeutung einer Sache gefragt, die Erklärungen des Erklärers wandern nun in den Nebensatz. Sie sind nun keine Selbstbespiegelung mehr, sondern eher Rechtfertigungen für einen Sinneswandel. Dann rechtfertigt sich der Erklärer mit seiner Herkunft: Eigentlich bin ich doch ein Linker oder Grüner, hört man heute nun so viele Erklärer sagen, rechtfertigend im Nebensatz. Denn eines ist allen Erklärern gemeinsam, sie wissen, dass das Richtige nur der Richtige sagen darf, wenn es der Falsche tut, muss es seiner Falschheit entsprungen sein.

Es steht fest, der Erklärer gehört zu den Richtigen, gerade hat er es im Spiegel überprüft, kein Makel ist an seiner Kleidung zu sehen und auch keine Rötung im Gesicht mehr erkennbar. Die paar Fusseln auf der Jacke konnte er abzupfen und genug Schminke hat er auch noch dabei, für heute zumindest.

Der Wesentliche

Der Wesentliche hat sich viel angelesen, nicht systematisch, sondern partiell so wie es ihm vor die Nase gekommen ist. Die Auswahl seiner Lektüre wurde wie mit einer Fernbedienung vorgenommen, etwa so wie der unentschlossene TV-Seher durch die Kanäle zappt, dabei bequem auf dem Sofa sitzen bleibt, so wählt der Wesentliche aus den Schlagzeilen, die sich ihm aufdrängen, diejenigen aus, die ihm gerade am meisten ansprechen. Er hat sie alle gelesen, die Schlagzeilen, er weiß was auf allen Kanälen läuft. Das meiste davon hat er früher schon mal vernommen, Schlagzeilen wiederholen sich oft. Je öfter er sie liest, um so sicherer ist er sich zu wissen, was die Nachricht ist. Es ist die Kunst der Schlagzeilenmacher, einerseits bereits im Titel die Aussage kund zu tun, andererseits anzudeuten, dass im Text noch Wissenswertes verborgen sein könnte.

Auf diese Spielchen fällt der Wesentliche nicht mehr herein, die Schlagzeile muss genügen. Wie viel Zeit hatte er in der Vergangenheit vergeudet, als er noch die ganzen Nachrichten las. Das Wesentliche an der Nachricht, die Botschaft, die hat er schon längst verstanden und außerdem schon hundert mal gehört, den sozialen Medien sei gedankt. Sogenannte soziale Medien wie Twitter, und wie sie sonst noch heißen mögen, bilden seine Fernbedienung, hier kann er sich durch die Schlagzeilen zappen. Nur auf dem was sich in Schlagzeilen packen lässt, dem Wesentlichen, ist sein Wissen aufgebaut.

Kürzlich, seine Tochter lag mit Fieber im Bett, sollte er ihr ein paar Märchen erzählen, oder andere kindgerechte Geschichten. Er schaffte zwanzig Märchen in fünf Minuten. Mehr als die Überschriften fiel ihm nicht mehr ein, und wie die Märchen ausgegangen sind. Erzählen kann der Wesentliche nicht, nur aufzählen.

Die Konferenz der Münzen

Münzen tragen ihr Wappen mit Stolz, früher waren oft Feldherren oder gar Könige eingeprägt. Ja ihre Prägung ist es, was ihren Wert im Alltag ausmacht, ihren Gebrauchswert anzeigt. Aus was sie besteht, aus welchem Material ihr Körper, ihre Eigenschaften und ihr Charakter sind, darüber machen sich die wenigsten, welche die Münze benutzten, wirklich Gedanken. Früher schon, da schien ihr Charakter wichtiger als ihre Prägung. Manchmal wurden nämlich, wenn der alte König gestürzt oder umgebracht war, Münzen einfach umgeprägt. Substanz zählte mehr als Oberfläche; war es Gold, war es Silber, unbedingt rein sollte es sein. Wurde daran manipuliert, wurde das Metall verfälscht, aus dem der Rohling gegossen wurde, dann nützte die schönste Prägung nichts mehr, kein wichtiger Kopf, kein Kaiser oder König konnte die Münze aufwerten, sie war wertlos geworden.

Heute, so scheint es, spielt die Substanz, die Eigenschaften und der Charakter der Münze im Alltag keine Rolle mehr, nur die Prägung zählt. Menschen vertrauen auf diese Oberflächlichkeiten und Münzen wissen, dass sie ohne Menschen keine Bedeutung haben. Sie nennen es Münzenkultur oder so, was sie als prägend für sich selbst betrachten und vergessen dabei, dass der Entstehungsprozess einer Münze bereits mit der Auswahl der Metalle und Zusatzstoffe beginnt. Doch auf Kongressen sprechen sie dann darüber, wobei diejenigen Münzen die nur aus Gold oder Silber bestehen, höchstens mal eine Eröffnungs- oder Schlussrede halten können, zu abgehoben und zu elitär wirken sie auf das allgemeine klimpernde Fußvolk. Außerdem wissen sie nicht viel von der Lebenswirklichkeit im Geldbeutel der Menschen, sie wurden noch nie durch einen Zählapparat gejagt oder gerollt und verpackt in einer Schublade verstaut.

Am Rande einer solchen Konferenz, ein paar Kupferpfennige unterhielten sich mit einer Nickelmünze und einem DDR-Alu-Groschen, wurde dann schon mal die Verwünschung geäußert, dass aus diesem schwätzenden blinkenden Goldtaler hoffentlich bald Zahngold gemacht wird. Der Alu-Groschen brach in schallendes Gelächter aus: „Früher wurde das bei uns ›Bewährung in der Produktion‹ genannt!"

Aber von diesen Stammtisch- oder Bargesprächen mal abgesehen, so kommen auf diesen Konferenzen der Münzen immer auch verschiedene seriöse Fachgruppen zusammen. Mit Spezialisten, die in Metallurgie machen, oder solchen, die sich hauptsächlich mit den Prägungen beschäftigen. Zwischen diesen beiden Fachgruppen gibt es allerdings regelmäßig Streit darüber, was denn wirklich den Wert einer Münze ausmacht.

Und es gibt noch die Fachgruppen, die sich mit der Lehre vom Menschen befassen. Gerade die wären froh, sie könnten eine so klare Unterscheidung zwischen Substanz und Prägung an ihren Untersuchungsobjekten vornehmen. Bei Menschen sind weder Unterschiede in ihrer elektrischen Leitfähigkeit messbar, noch in ihrem Magnetismus. Die Substanz scheint überall die gleiche zu sein, offensichtlich laufen alle Unterschiede auf ihre Prägungen hinaus. Nur wie diese Prägungen geschehen, davon hat auch keiner eine klare Vorstellung. Manche meinen, es hätte mit Bildung zu tun, schon das Wort drücke ja aus, dass ein Bild aufgeprägt wird; andere wenden ein, die Bildungsprägung könne nur an der Oberfläche wirken, an der Substanz würde die ja nichts ändern, eine Prägung müsse zwangsläufig immer oberflächlich bleiben.

Münzen wissen, Menschen verhalten sich ganz unterschiedlich ihnen gegenüber. Schwaben beispielsweise, so konnte in einer Studie nachgewiesen werden, hätten den Kupferdraht erfunden, weil sie einen Pfennig so lange in der Hand gedreht hätten, bis daraus ein Draht wurde. „Ja, das stimmt", meinte der

Alu-Groschen dazu, auch der Grand Canyon wäre entstanden, weil ein Schwabe dort ein Zehnerle verloren hätte, nach dem er dann so lange suchte und grub, bis er ihn wieder hatte.

Der Kupferpfennig, dem die rassistischen und herablassenden Äußerungen, solche die immer eine unterschwellige Minderwertigkeit des Pfennigs ausdrücken, mal wieder zur Weißglut gebracht haben, meinte zum Alu-Groschen: „deinetwegen hätte der Schwabe bestimmt nicht gegraben, sich wahrscheinlich nicht mal gebückt. Außerdem, wer den Pfennig nicht ehrt, ist den Taler nicht wert!" Die anderen wollten noch ein paar unschickliche Bemerkungen machen, beispielsweise über den Pfennigfuchser, verkniffen es sich dann aber, als sie sahen, dass der Pfennig bereits rot glühte.

Sie konnten auf dieser Konferenz keine Einigung über die Menschen erzielen und mussten feststellen, dass hier noch weiterer Forschungsbedarf besteht. Sicher ist nur, sie sind verschieden, die Menschen. Münzen kommen viel rum, deshalb wurde eine Arbeitsgruppe gegründet, welche Berichte über die verschiedenen Verhaltensweisen der Menschen sammeln und untersuchen soll. Ein Anfangs etwas belächelter Silberdollar älterer Prägung sprach von unterschiedlichen Mentalitäten der Menschen, ohne es genauer erläutern zu können.

„Was soll den das sein", fragt der arabische Dirham, „Kann man das wiegen oder messen?" Keiner hatte eine Antwort. Eine Vermutung ist, es müsse was mit den ureigenen Eigenschaften des Menschen zu tun haben, mit seiner Substanz. Etwas also, was sich auch nicht durch eine Umprägung verändern ließe. Als diese Vermutung geäußert wurde, verließen einige Pädagogen, meist Euros, den Raum. Sie sind überzeugt davon, dass die Bildungsprägung bis hinein in Substanz wirkt, ja diese sich der Prägung anpasst. Der Silberdollar, ehemals ein hochgeachteter Metallurg, bezeichnete dies als Voodoo und das hätte nichts mit Wissenschaft zu tun. Mit voller Wucht brachen die alten Gräben auf.

Zu einer Schlussrede kam es auf dieser Konferenz nicht mehr, alles ging im allgemeinen Tohuwabohu unter. Immer wieder setzte der Goldtaler zu seiner Rede an, als er dann aber sah, wie sich vor allem die niederen Münzen gegenseitig an die Gurgel gingen, kämpfen können die nämlich, das lernen die schon wegen dem ständigen Gerangel im Geldbeutel, bekam er Angst um seine Unversehrtheit und verließ, so schnell er es eben konnte, das Podium.

Ob oder wann es wieder eine Konferenz der Münzen geben wird, konnte nicht in Erfahrung gebracht werden.

Der Handwerker

Ein Werkstück liegt auf der Werkbank, ein Stück Holz. Der Schreiner betrachtet es, Meister Eder wird er genannt, weil er so aussieht wie der Gustl Bayrhammer und eben Schreiner ist, wie diese Fernsehfigur und Freund des Pumuckls. Er hat kein Problem mit seinem Spitznamen, eigentlich fühlt er sich ein bisschen geschmeichelt, war doch im TV der Meister Eder, im Buch natürlich auch, durch seine Komplizenschaft mit dem Kobold allen anderen immer ein Stückchen voraus. Zumindest wusste er, warum all die sonderbaren Dinge geschahen, die sich die anderen nicht erklären konnten.

Wir wissen nicht, was der Handwerker mit dem Stück Holz vorhat, vielleicht muss an einem Möbelstück etwas ausgetauscht werden, möglicherweise an einem Garagentor, es ist egal. Zielsicher nimmt sich Meister Eder, wie ich ihn einfach ebenfalls nenne, ein Werkzeug, er weiß mit welchen Schritten er zum Ziel kommt. Bevor das Holz auf seiner Werkbank landete, wurde es schon grob zurecht gesägt, nun kommt der Hobel und das Stemmeisen dran, immer schön der Reihe nach, von grob nach fein.

Ganz zum Schluss, das Werkstück ist eigentlich fertig, sollte es noch lackiert werden. Damit hat der Meister Eder ein Problem, eine Schreinerwerkstatt ist nun mal kein staubfreier Raum. Aber einer seiner Freunde vom Stammtisch ist Malermeister, der hat eine kleine Lackierbox und übernimmt dies meist für einen Freundschaftspreis. Das heißt, ein paar Viertele Roten gehen dann auf Eders Rechnung.

So kommt es beim Stammtisch zu gelegentlichen Gesprächen über die Arbeiten an denen sich die Handwerksmeister gerade befinden. Meist sind es nur kurze Sätze, warum dieses oder jenes Holz verwendet wurde, oder welche Lackierung gewünscht wird. Das war es dann auch schon und weiter geht es mit den Themen Sport, Familie oder Urlaub. Früher wurde auch viel über Politik am Stammtisch gesprochen, heute nicht mehr. Es ist dieses Thema ohne Streit verschwunden, es gibt auch keine Übereinkunft der Stammtischler, dieses oder jenes Thema nicht zu diskutieren, Politik löst nur immer mehr ein eher unbestimmtes Gefühl des Unwohlseins aus, die Männer spüren es deutlich, also lassen sie es und sprechen nicht mehr darüber.

Ganz lässt es sich allerdings nicht vermeiden, denn das was alle beschäftigt und in aller Munde ist, die Flüchtlingsproblematik, kommt doch zur Sprache. Meister Eder und sein Kumpel, der Malermeister, lächeln dann meist vor sich hin, die anderen sprechen von Integration, ob und wie diese gelingen könnte, welche Aufgaben auf Kindergärten, Schulen, Ausbildungsbetriebe zukommen, sowie jede Menge anderer praktischen Fragen. Manchmal, eigentlich immer öfter, ist dann zu hören: „keine Ahnung wie das zu schaffen ist!".

Die beiden Handwerker, sie sind die einzigen an diesem Stammtisch, haben auch keine Antwort darauf, nur eines ahnen sie, irgendwas in der Reihenfolge stimmt nicht. Erst grob, dann fein, so wählen sie die Reihenfolge ihrer Werkzeuge aus. Warum tut das die Politik nicht? Sie arbeitet an Details und poliert Oberflächen, wo doch erst mal geklärt sein sollte, was man vor sich hat und wie das Werkstück am Ende aussehen soll. Wenn das klar ist, geht es zum nächsten Schritt, der Auswahl des geeigneten Materials. Dann beginnt die praktische Arbeit, mit Werkzeugen immer schön der Reihe nach, von grob nach fein. Am Schluss dann wird poliert und lackiert.

„Was sind denn das für Leute, die da jetzt gekommen sind und wie viele kommen noch?", fragt der Eder in die Runde. Verschämtes Schweigen, keine Antwort, niemand weiß es. „Ihr wisst also nicht, was ihr vor euch habt, aber poliert und lackiert es schon!"

Wenn er das Wort Integration hört, muss er immer an eine Intarsie denken und er stellt sich die verschiedenen Arbeitsschritte vor: von grob – der Feststellung was man hat und was man als Ergebnis haben will, der Auswahl des Werkstücks – bis fein – der Einpassung eines Stückchens ins Bild. Dazwischen liegt jede Menge Arbeit, von der könnte er erzählen, doch man hört ihm nicht zu, er ist nur ein Handwerker. „Du kannst doch eine Intarsie nicht mit einer Gesellschaft wie die unsrigen vergleichen!" wurde er zurechtgewiesen. Irgendwie weiß er das auch, doch wie soll er sich anders ausdrücken, wenn er einen Kobold hätte, der würde ihm schon die richtigen Worte zuflüstern. Obwohl, mit Kobolden hatte er den ganzen Abend schon zu tun, die glauben zu wissen wie was geht, bekommen aber noch nicht mal im Denken, geschweige denn bei der Arbeit, eine logische Reihenfolge hin. Sie schleifen, polieren und lackieren an etwas herum, was nie und nimmer ins Bild passen kann. Sollten sie dennoch versuchen, dieses Teil, so wie es ist, einzufügen, werden sie die Intarsie dabei zerstören. Kobolde eben, die Unsinn machen und noch stolz darauf sind.

Auf dem Heimweg murmelte der Schreinermeister vor sich hin, sein Kumpel, der Maler, spöttelte, dass sich der Eder mal wieder mit seinem Pumuckl unterhält. Was natürlich Quatsch ist, er rief sich nur in Erinnerung, dass man alle Dilettanten und Laien an ihrer Arbeit erkennen könne, Kobolde auch, egal wie schön sie reden mögen.

Quentin Quencher

Geboren 1960 in Glauchau, Sachsen, wuchs Quentin in der ehemaligen DDR auf, die er 1983 verließ. Seine Heimat war es nicht, die er verlassen hat, er war nie heimisch dort. Auch der Westen oder das wiedervereinigte Deutschland wurde ihm nie ein Zuhause. Immer ist sein Blick der eines Außenstehenden. Hier wie dort, heute wie damals. So ist er ein Vagabund zwischen den Welten, immer das infrage stellend, was als Selbstverständigkeiten in Gesellschaften angenommen wird. Nach mehrjährigem Aufenthalten in Asien lebt er heute mit seiner Familie in Baden-Württemberg.

Texte von Quentin Quencher erscheinen regelmäßig in seinem Blog Glitzerwasser und auf der Achse des Guten.

Bisher von Quentin Quencher erschienen:

Chlorhähnchen esse ich jederzeit

Aufzeichnungen
Paperback
BoD (Books on Demand) 2017
148 Seiten
ISBN 978-3-7448-9559-0
€ 8,50

Deutschland in der Pubertät

Betrachtungen
BoD (Books on Demand) 2016
280 Seiten
ISBN 978-3-7392-3377-2
€ 22,00

Der Wald, die Deutschen und die DMark

Betrachtungen
BoD (Books on Demand) 2014
208 Seiten
ISBN 978-3-7357-2511-0
€ 22,90